W9-BGU-485

CPS-Morrill ES

3245712100095 8

Miller, Connie Colwell,   SP 363.2 MIL
Equipos SWAT = SWAT teams

DATE DUE

SP   BC#32457121000958 $19.49
363.2   Miller, Connie Colwell
MIL   Equipos SWAT = SWAT
                        teams

Morrill ES
Chicago Public Schools
6011 S. Rockwell St.
Chicago, IL 60629

BLAZERS
Bilingüe/Bilingual

EN CUMPLIMIENTO DEL DEBER/LINE OF DUTY

EQUIPOS SWAT
ARMADOS Y LISTOS

SWAT TEAMS
ARMED AND READY

por/by Connie Colwell Miller

Consultor de contenido/Content Consultant:
Kenneth E. deGraffenreid
Profesor de Estudios de Inteligencia/
Professor of Intelligence Studies
Institute of World Politics, Washington, D.C.

Consultora de lectura/Reading Consultant:
Barbara J. Fox
Especialista en Lectura/Reading Specialist
North Carolina State University

CAPSTONE PRESS
a capstone imprint

Blazers Books are published by Capstone Press,
1710 Roe Crest Drive, North Mankato, Minnesota 56003
www.capstonepub.com

Copyright © 2013 by Capstone Press, a Capstone imprint. All rights reserved. No part of this publication may be reproduced in whole or in part, or stored in a retrieval system, or transmitted in any form or by any means, electronic, mechanical, photocopying, recording, or otherwise, without written permission of the publisher.

Library of Congress Cataloging-in-Publication Data
Miller, Connie Colwell, 1976–
[SWAT teams. Spanish & English]
Equipos SWAT : armados y listos = SWAT teams : armed and ready / por Connie Colwell Miller.
p. cm.—(Blazers bilingue. En cumplimiento del deber = Blazers bilingual. Line of duty)
Includes index.
ISBN 978-1-62065-169-8 (library binding)
ISBN 978-1-4765-1379-9 (ebook PDF)
1. Police—Special weapons and tactics units—Juvenile literature. 2. Police training—Juvenile literature. 3. Police—Equipment and supplies—Juvenile literature. I. Title.
 HV8080.S64M5518 2013
363.2'32—dc23   2012018069

Summary: Describes SWAT teams, including what they are and what these teams do—in both English and Spanish

Editorial Credits
Jennifer Besel, editor; Strictly Spanish, translation services; Bobbi J. Wyss, designer; Eric Manske, bilingual book designer; Wanda Winch, media researcher; Kathy McColley, production specialist

Photo Credits
911 Pictures/Bruce Cotler, 4–5; Luis Santana, 14–15; R. Lawrence Porter, 20
AP Images/Chitose Suzuki, 17; *Los Angeles Daily News*/Gene Blevins, 16; Matt Houston, cover; *Oshkosh Northwestern*/Shu-Ling Zhou, 28–29
Getty Images Inc./David Wilson Burnham, 25; Joe Raedle, 19
SuperStock, Inc./Ron Brown, 6–7
Zuma Press/*Contra Costa Times*/Bob Larson, 12; *Contra Costa Times*/Mark DuFrene, 26–27; Dang Ngo, 8–9, 13; Dennis Oda, 23; Gary Kieffer, 10–11; Jonathan Moffat, 24

Printed in the United States of America in Stevens Point, Wisconsin.
092012   006937WZS13

TABLE OF CONTENTS

TABLA DE CONTENIDOS

CALLING IN THE SWAT TEAM

A drug dealer hides in an empty house. A SWAT team moves in to catch him before he runs away.

LLAMADA AL EQUIPO SWAT

Un narcotraficante se esconde en una casa vacía. Un equipo SWAT se moviliza para atraparlo antes de que se escape.

A woman threatens to stab someone. A SWAT team member takes **aim** with a rifle. He'll shoot if he has to.

[**aim**—to point a weapon]

FACT! SWAT stands for Special Weapons and Tactics.

Una mujer amenaza con apuñalar a alguien. Un miembro del equipo SWAT **apunta** con un rifle. Él disparará si es necesario.

[**apunta**—elevar un arma para disparar]

¡DATO! SWAT significa Special Weapons and Tactics en inglés (Armas y Tácticas Especiales).

An angry crowd **riots** in the street. The SWAT team is called in. The team will work to get the crowd under control.

[**riot**—to act in a violent way]

Una muchedumbre enojada causa **disturbios** en la calle. Se llama al equipo SWAT. El equipo trabajará para controlar a la muchedumbre.

[**disturbio**—actuar en forma violenta]

FACT! SWAT members wear gear called hard tac during riots. This gear protects members from things that might be thrown at them.

¡DATO! Los miembros de SWAT usan equipos llamados hard tac durante los disturbios. Este equipo protege a los miembros de cosas que podrían ser lanzadas a ellos.

SWAT BASICS

SWAT teams are part of local police forces. Team members are highly trained. They work to stop dangerous people from hurting others.

LO BÁSICO DE SWAT

Los equipos SWAT son parte de las fuerzas locales de policía. Los miembros del equipo son altamente entrenados. Trabajan para detener a personas peligrosas antes de que lastimen a otras.

SWAT teams help the police during risky missions. They help bring murder **suspects** to jail. They are also called in to control large crowds.

[**suspect**—someone thought to be guilty of a crime]

Los equipos SWAT ayudan a la policía durante misiones riesgosas. Ayudan a llevar **sospechosos** de homicidios a la cárcel. También son llamados para controlar grandes muchedumbres.

[**sospechoso**—alguien que se cree culpable de un delito]

Some SWAT members are snipers. Snipers are very skilled at using guns. They can hit a target even from long distances.

FACT! SWAT members often train more than 16 hours every month.

Algunos miembros del equipo SWAT son francotiradores. Los francotiradores son muy habilidosos en el manejo de armas. Pueden darle al blanco hasta desde largas distancias.

¡DATO!

Los miembros de SWAT a menudo entrenan durante más de 16 horas por mes.

Other SWAT members are trained
to talk to dangerous criminals. They talk
criminals out of hurting others.

Otros miembros de SWAT son
entrenados para hablar con criminales
peligrosos. Ellos convencen a los
criminales a no lastimar a otros.

SWAT members help people who have been harmed by a criminal.

Los miembros de SWAT ayudan a personas que han sido heridas por un criminal.

WEAPONS AND EQUIPMENT

Team members often carry rifles or submachine guns. They use **tear gas** to stop some suspects.

[**tear gas**—a gas that causes a burning feeling in the eyes and lungs]

ARMAS Y EQUIPOS

Los miembros del equipo a menudo llevan rifles o metralletas. Ellos usan **gas lacrimógeno** para detener a ciertos sospechosos.

[**gas lacrimógeno**—un gas que causa una sensación de ardor en los ojos y los pulmones]

SWAT members wear body **armor** to protect their chests from bullets. They also wear helmets and face masks during the most dangerous jobs.

[**armor**—protective covering]

 **FACT!** Members sometimes carry heavy shields to protect themselves from bullets.

Los miembros de SWAT usan **armaduras** para el cuerpo para proteger sus pechos de balas. Ellos también usan cascos y máscaras durante los trabajos más peligrosos.

[**armadura**—cobertura protectora]

 **¡DATO!** Los miembros a veces llevan escudos pesados para protegerse de balas.

21

Team members also wear vests with many pockets. Members carry a radio, handcuffs, and extra bullets in the pockets.

FACT! SWAT teams use round metal logs called rams to break down doors.

Los miembros del equipo también usan chalecos con muchos bolsillos. Los miembros llevan una radio, esposas y balas adicionales en los bolsillos.

¡DATO! Los equipos SWAT usan troncos redondos de metal llamados arietes para derribar puertas.

SWAT teams use vans or trucks as a home base for **missions**. The mission leader stays at the vehicle and gives orders. Members also keep extra equipment there.

[**mission**—a job or task]

FACT!

Teams sometimes use thermal imaging. This equipment senses body heat so teams can find criminals in the dark.

Los equipos SWAT usan camionetas o camiones como base para **misiones**. El líder de la misión se queda en el vehículo y da órdenes. Los miembros también guardan equipo adicional allí.

[**misión**—un trabajo o tarea]

¡DATO!

Los equipos a veces usan imágenes térmicas. Este equipo detecta el calor del cuerpo para que los equipos SWAT puedan encontrar criminales en la oscuridad.

STOPPING CRIMINALS

SWAT teams work to stop criminals from hurting others. Teams **arrest** gang members and drug dealers.

[**arrest**—to capture and hold someone for breaking the law]

DETENCIÓN DE CRIMINALES

Los equipos SWAT trabajan para evitar que los criminales lastimen a otros. Los equipos **arrestan** a miembros de pandillas o narcotraficantes.

[**arrestar**—capturar y detener a alguien por quebrantar la ley]

SWAT members move slowly and
carefully toward a criminal.

Los miembros de SWAT se mueven despacio
y cuidadosamente hacia un criminal.

Every day SWAT teams stop dangerous people. Members risk their lives to keep us safe.

Todos los días los equipos SWAT detienen a gente peligrosa. Los miembros arriesgan sus vidas para mantenernos seguros.

GLOSSARY

aim (AYM)—pointing something in a particular direction

armor (AR-mur)—protective covering

arrest (uh-REST)—to capture and hold someone for breaking the law

mission (MISH-uhn)—a planned job or task

riot (RYE-uht)—to act in a violent and often uncontrollable way

suspect (SUHSS-pekt)—a person believed to be responsible for a crime

tear gas (TIHR GASS)—a gas that causes a burning feeling in the eyes and lungs

INTERNET SITES

FactHound offers a safe, fun way to find Internet sites related to this book. All of the sites on FactHound have been researched by our staff.

Here's all you do:

Visit *www.facthound.com*

Type in this code: 9781620651698

Super-cool stuff!

Check out projects, games and lots more at
www.capstonekids.com

GLOSARIO

apuntar—dirigir algo en una dirección en particular

la armadura—cobertura protectora

arrestar—capturar y retener a alguien por quebrantar la ley

el disturbio—actuar en forma violenta y a menudo de manera descontrolada

el gas lacrimógeno—un gas que causa una sensación de ardor en los ojos y los pulmones

la misión—un trabajo o tarea planeados

el sospechoso—una persona que se cree responsable de un crimen

SITIOS DE INTERNET

FactHound brinda una forma segura y divertida de encontrar sitios de Internet relacionados con este libro. Todos los sitios en FactHound han sido investigados por nuestro personal.

Esto es todo lo que tienes que hacer:

Visita *www.facthound.com*

Ingresa este código: 9781620651698

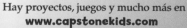

¡Algo súper divertido! Hay proyectos, juegos y mucho más en www.capstonekids.com

31

INDEX

ÍNDICE